Entretenimiento para incendios

XXIII PREMIO INTERNACIONAL DE POESÍA
MARTÍN GARCÍA RAMOS

(Colección MORAZARA XX)

© Javier Iáñez Picazo, 2025

Ilustración de cubierta:
© *Pruebas de tejidos inflamables realizadas en 1910*
por el British Fire Prevention Committee

© Editorial Difácil, 2025
editorial.difacil@gmail.com
www.difacil.com
ISBN: 978-84-10363-13-7
Depósito Legal: VA 165-2025

Imprime: Imedisa

Impreso en España

JAVIER IÁÑEZ PICAZO

Entretenimiento para incendios

DIFÁCIL

EL PENSAMIENTO DEL AFUERA

PRÓLOGO DE JAVIER ADRADA DE LA TORRE

Este poemario es profundamente desagradable. Te lo comento con total confianza por si todavía estás a tiempo de no leerlo, por si aún no te has intoxicado con su humo denso e infecto. Por si tenías una imagen hermosa de lo que era la poesía y prefieres seguir aferrándote a ese ideal incorruptible. Si no es así, si las esdrújulas no te irritan, si toleras los coríxidos y el vómito, los espasmos mioclónicos y el residuo piroclástico, entonces sí, sigue leyendo.

El libro viene con sus propias instrucciones. Es de agradecer, honestamente. Son breves, directas, irónicamente ilustrativas. Y no es casualidad que las indicaciones sobre cómo utilizar este poemario coincidan con las de una boca de incendios equipada. La primera es, quizás, la máxima fundamental: «si no está seguro de poder apagar el fuego, no lo intente». Eso es exactamente lo que hace el autor a lo largo de setenta páginas: buscar pasatiempo mientras el mundo arde a su alrededor.

> ¿Soy el único aquí que se aburre?
> Arrugo el vaso de papel y me voy de la fiesta.
> […] Somos bombillas gastadas, relojes parados, somos tiza
> somos paisaje estratificado y discontinuo:
> medidores del tiempo que se consume[n],
> condensadores del polvo que se deshace[n].

Hace más o menos un siglo, Luis Cernuda escribió: «Mejor la destrucción, el fuego». Mejor resignarse a las llamas. Lo mismo propone Javier Iáñez Picazo: en un acto de generosidad, nos ofrece este entretenimiento para que la cremación se nos haga menos dolorosa.

Cómo definir esta actitud ante el incendio. Esta reivindicación nihilista del divertimento. Este poemario escrito en el bloc de notas de un móvil que seguramente tenía la pantalla medio rota. Contra la adversidad, el absurdo; contra la aniquilación, el juego, el disfrute, la *jouissance* barthesiana. El texto se convierte en espacio interactivo, porque está incompleto. Sembrado de vacíos desde el primer poema: «(mi arquitectura: mirada perdida)». En la oquedad que se abre entre la arquitectura y la mirada, en esa brecha estructural entre la primera persona del singular y el ojo apático, ahí florece el vacío. No como ausencia, no como cráter, sino como dispositivo lúdico. Reservado exclusivamente para ti. Debes llenar lo que Javier ha dejado en blanco, lo que te regala en forma de potencia. Él mismo te lo suplica: «Ay, por favor, ocupa los huecos vacíos de este parking deseado».

El parking y sus espacios rectangulares, que anhelan ser ocupados. El símbolo perfecto de lo que debería ser un poema. Un símbolo de asfalto y poliuretano, voluntariamente feo. Contra la poesía entendida como institución estética, el autor apuesta por lo desagradable y lo prosaico. Lo que jamás habría resultado poético si no hubiera aparecido en verso. Así se consolida, página tras página, el arte de «quemar alas de mariposa», una insoportable retórica en torno a los extintores, a los besos convexos de queratina, a las uñas llenas de mierda, a la artificialidad irresistible del nylon, a los ascensores fuera de servicio y a la sangre *loopeada*. También un imaginario donde lo (pos)humano y lo tecnológico se funden, con reminiscencias del cine *cyborg* de Cronenberg. Toda una serie de imágenes que desafían lo bello y lo pervierten, desde los fluidos corporales hasta la maquinaria aséptica del hospital. Pasando por las carreteras, las vías de servicio y las gasolineras, superficies platónicas que, dentro de una misma mitología decadente, constituyen por su dinamismo la antítesis del parking:

Te he conocido y te he perdido en tantos sitios
en tantas vías de servicio

8

```
                en tantos ascensores detenidos
                    en tantas piscinas semivacías
    [...]
    cada vez de forma diferente        :        silencio de hospital
    residuo piroclástico carretera
    cortada.
```

De nuevo los espacios huecos, las infinitas formas posibles del «silencio de hospital», enmarcadas en un sombrío escenario posindustrial. Y atravesadas, cómo no, por una ironía que va desde lo particular a lo universal. Desde las recurrentes pausas dramáticas, anunciadas con una desvergüenza que raya en lo kitsch, hasta el trasfondo existencialista de la ironía, concebida como actitud vital ante el desastre cíclico de nuestra época, como herramienta para dar una chispa de sentido al incendio que nos rodea. A nuestra generación, cuya capacidad de tener fe en algo, por mínimo que sea, ha sido cauterizada radicalmente con cada nueva metamorfosis del capitalismo, esta ironía visceral es lo único que nos queda.

Y también está dirigida, de nuevo, contra el ideal de poesía como arte sublime. Con mucho menos respeto que acierto, Javier mezcla en estas páginas cualquier material que considere digno de resignificación: código binario, voz de GPS, anécdotas de filósofos distinguidos, instrucciones de extintor, definiciones corporativas de césped artificial y, por supuesto, una grotesca amalgama de referencias intertextuales. Una constelación de referencias que oscilan entre la interdisciplinariedad artística y la densidad académica. Resulta evidente, de hecho, que el trauma de la escritura académica late en el subconsciente del autor:

```
    En esta era de amores quietos
    y artículos *peer reviewed*
    resulta que los artrópodos mueven su retinas mientras duermen.
```

Y este trauma se manifiesta como una metástasis de fórmulas. Para empezar, las citas a textos ajenos, porque este poemario tiene mucho de ensayo filosófico y, como tal, nos permite acceder a su bibliografía. Es lo mínimo que se puede esperar de un estudiante de doctorado. También las notas a pie de página, que a veces son verdaderas referencias en formato APA, y otras, en cambio, intrusiones de la voz poética para desautomatizar la lectura. El rigor de esta labor de documentación contrasta con otras ocasiones en que, en una especie de jolgorio apócrifo, la dudosa veracidad de las fuentes parece formar parte de la traviesa estrategia de Javier.

No voy a extenderme mucho más. Si has llegado hasta aquí, seguramente sea porque, al fin y al cabo, vas a acabar envuelto por las llamas. Pero déjame hacer un último apunte. De toda la nómina autorial sobre la que se cimienta *Entretenimiento para incendios*, hay una particularmente significativa. Me refiero a Michel Foucault. Lo que Foucault llamó el *pensamiento del afuera* está presente en toda la obra. Te propongo un ejercicio: subraya, en las páginas que vienen a continuación, cada una de las siete veces en que Javier Iáñez Picazo dice la palabra *afuera* y pregúntate por qué. Por qué el texto es un parking deseado y deseante. Por qué, según la filosofía del afuera, la respuesta reside siempre en el exterior, por qué nos arrastramos más allá de los límites del lenguaje buscando aquello que nos complete. Por qué tu existencia y la mía, tanto como la del autor, están caprichosamente condicionadas por los vacíos del poema:

> Tú [que lees] y yo [que escribo y también leo]
> no existimos fuera del texto.

Entretenimiento para incendios

Yo quiero alabar al ser vivo
que morir hecho llama quiere.
JOHANN WOLFGANG VON GOETHE

El verdadero dolor que mantiene despiertas las cosas
es una pequeña quemadura infinita
en los ojos inocentes de los otros sistemas.
FEDERICO GARCÍA LORCA

Si no está seguro de poder apagar el fuego, no lo intente.
Si va a atacar al fuego, no se arriesgue ni actúe solo.
Evite respirar humo; es más peligroso que el fuego.
INSTRUCCIONES DE UNA BIE (BOCA DE INCENDIOS EQUIPADA)

GASOLINERAS EN LAS QUE NOS BESAMOS

y cada incendio (mi arquitectura: mirada perdida)
comienza como una reacción química
enmascarada de tragedia
que levanta un coágulo de pájaros sin jaula
fosforescentes sádicos inmateriales
mientras va olvidando a su paso
las lenguas (salivas), las llagas (encías), las manos (caricias)
que ahí; ahí anidaban.

FUNERAL PARA CORÍXIDOS

Anoche flotabas sin vida.
Veo el dolor cada día en cada enchufe
en cada espera
en cada intersección de conjuntos
donde estalla como confeti
tan lejos — siempre a la misma distancia del centro.

Se escuchan pasos en el piso de arriba.
El camión de la basura me despierta.
Solo esta noche, miras a través.
Piensa:

      mirar por la ventana jamás podrá salvarnos
      yo estoy aquí y allí está la persiana y detrás el alféizar y afuera
      todo lo demás
      pero el afuera nunca está fuera

Tubos transparentes salen de tu nariz.
Piensa:

      echo de menos tus arañazos
      en el teflón de las sartenes

Se escuchan más pasos en el piso de arriba;
hay un crujido que conoce

el origen etimológico de tu nombre, pero no
su destino fatal en las lindes de esta boca,
la posibilidad de una respiración o las voces del cloro.

Piensa:
> afuera todo parece tan silencioso
>
> todo palpita
>
> (debe de estar a punto de estallar)

Tiene que haber algo más que estos jardines vernáculos
algo más que los fluidos, que los cuerpos desechos,
que los carritos de la compra vacíos en mitad de la calle
igualmente vaciada. Tardo en recordarte lo que duran
un batido de vainilla y tres persecuciones policiales.

Tiene la sensación de que
lo que hay allá afuera
es un infierno florido de puntas de diamante
                    sumidero de estrellas.

Anoche tu cuerpo flotaba sin vida.
> adiós flores recién cortadas
>
> adiós carne adiós música
>
> adiós hímenes adiós surcos nasolabiales humedecidos
>
> adiós

Veo tu rostro especular en la noche inmensa
violentamente iluminado por focos de cine — sobreexpuesto.

Cierras los ojos muy lentamente
y lloras
pero también sonríes.
No entiendo nada.

Y todo esto sucede con banda sonora de fondo
pero ni tú ni yo podemos oírla.

[Pausa dramática]

Anoche flotabas sin vida
demasiados litros de agua, demasiadas horas
un último baile lento:
hacia abajo
      expulsando el aire que quedaba en tus pulmones
      tus pulmones
hacia arriba
      fermentando los gases que hinchaban tu cuerpo podrido
      tu cuerpo podrido

ahora eres sólo exterioridad

algunos coríxidos permanecieron a tu lado
caminando sobre el agua
sin romper su tensión superficial
      sus cuerpecitos temblaban como lágrimas
      apresando el vacío

los insectos no tienen interior:
son la oquedad revertida y acorazada
pura exterioridad
como tú
cuando anoche tu cuerpo flotaba sin vida.

VACÍO CORTAFUEGOS

Los camiones de bomberos toman posición
la orquesta sinfónica empieza a tocar y nacen
los primeros pasos de este ballet automovilístico:
        unos cuantos *relèves* neumáticos.
Se trata de un nuevo modelo que tiene
cisterna de acero con varias salidas
y un cañón a presión incorporado.
Lanzan chorros al aire
de agua clorada y equívoca:
parecen catedrales góticas en caída libre.

El sol se esconde a lo lejos, culpable
convergiendo en un mismo punto con el eco de las sirenas.

Conozco un lugar donde las cenizas no se han depositado todavía,
donde no se han enfriado y donde
son síntoma y consumo de una ardiente supervivencia,
la coincidencia rigurosa entre el indicio y el desastre.

Entremedias
algunas mantas térmicas se mecen y cubren
cuerpos con quemaduras de tercer grado
y en el suelo se disponen en fila
bolsas para cadáveres entreabiertas
exhibiendo en sus huecos un último deseo
frívolo como la mueca de un payaso.

CRIMEN PREMEDITADO

Recuerdas aquel noviembre cuando se congeló
encerrando ese silencio quieto
tan bello y hermético
en una fotografía oceánica

recuerdas, comíamos cortezas de queso
negra envoltura y abrazo de cera
fundiéndose tus brazos (recuerdo) y
su olor a muerte, a cloro. Decías

>   somos más de orillas que de fondos
>   porque no sabemos si la muerte es tiempo o duración o
>   mediometraje
>   si nos convierte en espacio o en lugar o en cifra

>   tómame de la mano
>   todo lo que nos rodea se resbala y pierde su estructura
>   nada se osifica

Recuerdas cuántas lombrices
agujereadas y horadadas
se liberaron dejando de ser cebo
para convertirse en herida que repta,
mártir invertebrado en el fondo de la piscina.

Cientos de abejas anidaron en mi próstata.

Recuerdas los dos asientos vacíos del bus nocturno
el sonido de tus pies descalzos y mojados
en pleno noviembre recuerdas
las lágrimas de Nietzsche y los ojos abismales del caballo
las tijeras de Wittgenstein y los restos de la poda
húmedos, hundidos en la tierra.

Recuerdas ese aloe vera sepultado en estuco
donde hay un centenar de nombres tallados
con llaves monedas navajas tarjetas de crédito
de gente que ya no se quiere que ya no se mira
que no duerme junta que no se recuerda
personas que
(al igual que sus nombres fosilizados)
han pasado a ser
código errante exterioridad pura mudas de insecto.

Recuerdas tu nombre y mi nombre
malditos
hendidos como el verbo en la carne vegetal
para siempre como las muelas del juicio

final.

LLAMADA DE EMERGENCIA EN UN ASCENSOR

Por un lado, su cuerpo mullido, tibio, justamente suave,
afelpado, jugando con la timidez, y, por otro lado, su voz
—la voz, siempre la voz— sonora, bien formada, mundana.

ROLAND BARTHES

Se detiene.
Pulso el botón.
Suenan tres

— — —

pitidos intermitentes
separados por tres

— — —

segundos.

Acaso llegará el grano metálico de tu voz
eternamente reproducida
a través de este sumidero definitivo y poroso
salpicado fríamente sobre esta constelación
de ojos ahogados

pero nunca hay nadie al otro lado
porque el diálogo fracasa y tan sólo existe un tejido
alfanumérico suspendido, sin conexión y horadado por mensajes que
naufragan (siempre naufragan).

Algún día
llegará tu voz incierta carnosa indeterminada
como una contraseña de barro
pero ahora, ahora recibo tu
silencio
        placebo claustrofóbico.

Todo aquí dentro permanece inmóvil;
reino acristalado de la quietud

mientras, todo palpita allá afuera.

ANESTESIA LOCAL

Todas las agencias de viaje son casas encantadas.
Observo una postal de recuerdo:
vacaciones en una isla desierta, puesta de sol y palmeras.
El paraíso siempre está vacío

vacío como una tienda de animales
con pasillos repletos de peces exóticos
vacío como un planetario
donde el universo es sólo una proyección
y una voz femenina
nos cuenta cómo empezó todo
y como acabará.

Nos vemos allí donde los planetas cuelgan de un hilo de pescar;
triste transparencia y efectos especiales baratos

donde peces tetra neón flotan sin vida
como la luz de las estrellas que, ahora, nos llega muerta
y nos golpea en un arrebato zombi.

Se apagan las luces del planetario.
Se escucha la respiración de cientos de depuradoras

a lo lejos
filtrando el agua de las peceras.

¿Con qué boca sueña el anzuelo?

LUGAR SIN NOMBRE

Nuestro día termina aquí
en esta veta del afuera tan
incómoda y sin recorrer

tus ojos de lumbre —aún— en la negrura
pensando la muerte y la noche redundante
tras un centelleo quirúrgico
y yo mientras aquí pensando
en cortes de pelo caros.

LIMPIEZA ACUDA A PASILLO TRES

Soy 50 cm2 de césped artificial
expuesto en Leroy Merlin[1]
manoseado y exiliado
>   no pertenezco a nadie y
>   pertenezco a todos
>   como las muestras de comida gratis, los anuncios de revistas o
>   los muebles de exposición

cosas de plástico y otras parálisis del sueño
en centros comerciales, reinos líquidos
de espejo y plantas de interior
—*ficus benjamina o jasminum grandiflorum*, por ejemplo—.

Ojalá mi aliento fuese siempre soplo fresco de aire acondicionado.
Ojalá mi halo fuese siempre destello fluorescente en plexiglás.

Claridad cegadora y olor a productos de limpieza.
Destrípame y olvídame aquí en el pasillo tres

---

[1]**Césped artificial**
La mayor variedad de césped artificial en varios tamaños y al corte, y los accesorios
para montaje al mejor precio.
* Césped artificial en rollos.
* Césped artificial al corte.
* Accesorios para césped artificial.
* Rollos de césped artificial de gran tamaño

el de perfumería.
Dicen tu nombre por megafonía y recorre
todas las esquinas de este paraíso infernal
y yo escucho cada letra y me pongo a temblar.

Ojalá nos encontremos en la cola del baño
lanzando miradas que reboten de baldosa en
baldosa
sin alcanzar nunca
otra mirada o un reflejo de vuelta.

Ojalá nos encontremos en cualquier cama de exposición
(no importa *king size* o *junior*)
cercada por miradas ausentes que nos impidan dormir
envuelta en plástico para no dejar ni un solo rastro
                    rastro de migajas
                    en el colchón donde nos sedimentamos
                    ahora
                    muy lentamente

Hueles a toallas de baño envasadas al vacío
        a apartamentos sin estrenar recién comprados.

ASISTENCIA EN CARRETERA

¿Soy el único aquí que se aburre?
Arrugo el vaso de papel y me voy de la fiesta.
Escritura asémica que busca deseante
permanecer sin ser borradura[2],
ser vista sin ser entendida[3].

Me monto en el coche y me pongo a 140.
Soy una prolongación de la carretera.
Somos bombillas gastadas, relojes parados, somos tiza
somos paisaje estratificado y discontinuo:
medidores del tiempo que se consume[n],
condensadores del polvo que se deshace[n].

No recuerdo el desenlace, tan sólo
montañas trazadas en su cartografía ínfima
la pantalla del móvil y tu disfraz de condición meteorológica
y el vómito y tus labios y su posibilidad de una sílaba y
el sentido único

y en todos los finales
lo último que escucho

---

[2] Es decir, ser un fantasma.
[3] Es decir, ser un exhibicionista.

no es tu voz mullida,
tibia y afelpada;

es la voz (sexy y entumecida)
del GPS.

HISTORIA DE LAS LÍNEAS

Las oraciones del mundo entero flotan entre los hombres como mariposas inaprensibles.

PAUL RICOEUR

En este lado del jardín
siempre llueve
en este lado del jardín
donde asoman lombrices entre la tierra
mojada, aquí
en este lado del jardín
donde cantan
los ángulos agudos;
donde un cuerpo espera otro cuerpo
que cae
pero nunca llega.

En este lado del jardín
hay rosas epilépticas que escupen
espuma de detergente
en este lado del jardín
donde los perros atropellados son desollados
y se amontonan junto al abono
en este lado del jardín
donde las fuentes ya no susurran

puedo ver el otro lado del jardín
y puedo verte a ti
sosteniendo (algo que parece) una fotografía;
ese recuerdo oceánico y enjaulado de cuatro esquinas
fósil marchito, plano y rectangular.

Estás muy lejos
en el otro lado del jardín
no puedo verte
en el otro lado del jardín
donde follan los insectos
abriendo y cerrando sus diminutas bocas;
no están anclados a nada
solo son labios, nada más,
entreabiertos o entrecerrados
nada más.

Al otro lado del jardín
las cremas están listas para extenderse
buscando la comezón de la piel
pero mi yo epidérmico se encuentra
en este lado del jardín —el que no es *el otro*—
donde no hay cura ni veneno
en este lado del jardín
donde no hay dolor ni placer
en este lado del jardín

donde los analgésicos son una abstracción difusa
en este lado
del jardín
donde todo es entumecimiento:
es decir,
donde todo *es* pero no *siente*, o
donde *todo siente no siendo*.

En este lado del jardín
todo (t–o–d–o) se vuelve
cartografía del miembro anestesiado
mientras al otro lado del jardín
un malestar aguarda
para llegar hasta aquí y somatizarse
en un cuerpo que cae
pero nunca llega.

Nunca llega nada
creo
a este lado del jardín
donde las caricias son fugitivos
que escalan el muro para llegar
arriba
heridos por la superficie helicoidal
del alambre de espino.
En este lado del jardín

donde todo es geometría retorcida
pasan las horas a ritmo de vela y tacto de cera
en este lado del jardín
las estrellas no quieren permanecer y la noche
es una membrana cubierta de llagas.
En este lado del jardín
donde las luces sueñan con ser interruptor apagado
las luces, simplemente, ya no sueñan.

En este lado del jardín
y en esta parte de la noche
no llegan
los cuerpos ni las cremas ni el perfume ni el síntoma.
Sólo llega tu mirada lejana e inexacta
como una fotografía borrosa
que viene del otro lado del jardín
para convertirse
en *souvenir* de un pasado quebrado
como una bombilla fundida.

En este lado del jardín
te miro te espero te recuerdo y te llamo.

La distancia que nos separa
en este lado del jardín
y al otro lado del jardín

es lo que tarda una puerta cerrada
en convertirse en costra
es lo que tardan tus extremos dormidos
en despertar.
La distancia que nos separa
es lo que tardamos en comprender
que el jardín no tiene sólo dos lados.

OSCURIDAD ANATÓMICA

He sido despojado de la imagen
ya nadie sabrá el color de tus ojos
nadie conjugará el grano de tu voz
eternamente reproducida
sólo las orquídeas que se inmolan
a través del lenguaje.

Tres pétalos cayendo en tres bocas
abiertas
que han olvidado formar tu nombre
disperso en orillas posibles.

Tres pitidos intermitentes — — —
separados por tres segundos — — —

       y yo que entonces y ahora aprieto
apretaba con más fuerza
y tú que mirabas
con esos ojos inyectados en sangre
alzando la cabeza como quien mira directamente
hacia un eclipse solar
para después cerrar los ojos y soltar una lágrima y descubrir
en mitad de toda esa oscuridad anatómica
que el sol sigue ahí, rehén de tus cavidades oculares,

gracias a la latencia retiniana
como una presencia a través de las persianas

y entonces, en un arranque de autoenucleación
comprendes que la fina piel de tus párpados jamás podrá salvarte
porque, claro, a veces lo único que necesitamos es huir de la luz
(aunque sólo sea por un breve instante).

Dime, entonces
glándula membrana sexo lacrimal
¿cuántos umbrales
        has inventado
            hasta ahora?

ENJUAGUE BUCODENTAL

Cierra la boca
mi noche sin estrellas, mi pozo en ruinas, mi gingivitis crónica

tejido terso y membrana acolchada periodontal
sólo tú sujetas mi alma
ancla de carne que me condena y me arrastra
a unas cuantas revisiones periódicas y algunos dolores inmemoriales

la primera parte del cuerpo que se desprende
y la última que permanece
hueso expuesto corroído a cada instante
por los ácidos de la saliva
y la erosión de la palabra[4]

parece que el hombre nace y vive
para ser chupado[5]

por eso la profesión de dentista es un engaño
una tapadera para ocultar su verdadera vocación:
exploradores de almas ajenas
—y, por qué no, unos pervertidos clínicos—.

Sus manos con guantes de látex rozando tus labios...
Indefensa, la sonrisa imaginada en mitad de la boca.

---

[4] O la caricia histérica del silencio.
[5] Ya lo decía Francisco de Goya en sus anotaciones sobre *Los Caprichos* (1799).

Se forman ríos de sangre en tu escupitajo de espuma mentolada
blanco
pero no tan blanco como el lavabo de Roca®.
Claridad higiénica donde se yerguen humedales escarlata
que brotan como ortigas entre los pilares de tus premolares,
catedrales en construcción.

Tu lengua de lejía va dejando
una blancura alucinada allá por donde repta
que oscila entre la náusea y el éxtasis
un espacio vacío de una luminosidad casi patológica
como el residuo ilegible que genera un escáner registrando otro
escáner

agentes de poder, como dijera Canetti,
ordenados visual y linealmente
como un alfabeto.

Yo apretaba con más fuerza y tú
me enseñabas
tus dientes de ídolo cansado
pulcro amuleto bajo las sigilosas arcadas de tu encía[6].

Y ahora vienes para arrancar los dientes de este ahorcado.

---

[6] Aquí estoy en deuda con «Tus dientes» (1919) de Ramón López Velarde.

Tu boca es un hormiguero
repleto de hormigas de porcelana.

Ya está muy cerca.

ATLAS MNEMOSYNE

Mis días son una caricia que estoy tratando de memorizar.

No da placer.

Tampoco lastima;

simplemente repta.

PARQUÍMETRO

Creo que siempre fuimos ese atajo que conduce
a los espacios vacíos que dejan
los muebles que se venden baratos (o se regalan incluso)
por Wallapop.

> Introduces unos céntimos en el parquímetro
> mientras dices que es un instrumento de medición
> que monetiza las ausencias, administra las presencias
> y controla los tiempos de ocupación.
> No sé muy bien por qué pero creo que tú y yo
> tenemos algo que ver con todo eso.

Miro tus ojos en el espejo retrovisor
donde *los objetos están más cerca de lo que parecen.*

Creo que siempre fuimos ese atajo que se desvía
de la autopista sin dejar de ser tráfico
que se aleja del ruido sin saber que siempre fuimos un atasco
y que todo atajo es una obstrucción silenciosa;
el síntoma de un orden que se cree desorden

porque cualquier autovía es en realidad una topología de la muerte
ordenada y meticulosa
pues todo desorden que se repite se convierte

inevitablemente
en orden[7].

Ay, por favor, ocupa los huecos vacíos de este parking deseado.

Tocan el claxon y yo
            yo cierro los ojos
porque todo suena como el llanto de cientos de motores encendidos
detenidos en los conductos de un cuerpo enfermo
que se erosiona y se hace camino para
llevarnos a casa
o alejarnos de ella.

Una carretera no es un lugar.
La carretera es una superficie platónica
que se homogeneiza con la velocidad y la previsibilidad.
La carretera te lleva de aquí para allá
y lo que está en medio, está en medio, sin más.

En la carretera,
el objetivo es llegar[8]

---

[7] O algo parecido dijo Borges a propósito de las bibliotecas.
[8] Roni Horn, *Pooling Waters*, volumen 2 del libro IV de *To Place*, 1994 (original en prosa).

MANIOBRA

Tu piel blanca, moderna y vibrante de
electrodoméstico junto a —
objetos voluminosos
pacientes extraviados
obras de arte sin titular
y otras políticas de la espera

dime sus nombres

hieratismo de la esfinge durante el trayecto
baile de los menhires.
Ya vienen. Ya están aquí
en el vagón tu cuerpo se encorva
y adquiere una forma elefantina cuando

             todo tiembla y me agarras la mano con fuer-
             za y te clavo el anillo y siento un dolor pun-
             zante en la sien y suenan alarmas de incen-
             dio a lo lejos y me miras y te miro y aparto
             la mirada y tú sigues mirando y qué nos
             estamos haciendo y el agua está helada y
             siento vértigo y qué nos hicimos qué nos
             haremos y nos quemamos y

me regalas un trocito de baldosa;
un fragmento de un fragmento que hace no mucho tiempo
formaba parte de un todo[9]

un residuo que sufre algunos problemas de escala
porque toda esquirla es un complejo arquitectónico en potencia

y todo esto sucede durante el tiempo que tarda
una chispa en convertirse en enchufe
lo que tarda una vida en convertirse en frase.

Avanzas para convertirte en literatura fúnebre, rápida y barata:
te conviertes en etiqueta de ropa [100% poliéster]
o en obituario [siempre te querremos].

Entonces te detienes para ser
un punto inmóvil en el espacio
que no avanza porque no quiere ser línea.

---

[9] supuestamente no fragmentado.

Me asomo a tus párpados
lindes de mi próximo fracaso divino
como quien contempla una venus anatómica
y me asomo a
tus manos
donde las curvas están prohibidas.

Nuestra historia siempre fue la historia de las curvas prohibidas.

EN LA VÍA DE SERVICIO (TEOREMA)

1. Me fracturo y una mitad se encuentra en la vía de servicio
pensando en tu cuerpo cuando cae junto al mío.

Deslizas tu brazo en un ademán de caricia
pero no es la piel lo que buscas. No, sino el hueso
debajo.

Recuerdo (aquel noviembre) tus costillas
recuerdo el negro de tus ojos pero no su color
la orilla de los vertederos que son tu mirada y
qué asco el olor de mi ser asesinado.

Recuerdo (aquel noviembre) pensarte
y pensarme con la cabeza llena de costras
arrancadas para regarlas y verlas crecer[10].

Pienso

      lo triste no es que te vayas
      es que yo no me pueda quedar

pero ya no estoy en la vía de servicio.

---

[10] «De vez en cuando es interesante cortarte a ti mismo en pedazos y esperar a ver si esos fragmentos florecen». Lo dijo T. S. Eliot en una carta escrita en 1914 y dirigida a su amigo Conrad Aiken.

[Pausa dramática]

2. Me fracturo y una mitad se encuentra en el ascensor fuera
de servicio
que sigue detenido
mientras todo está en llamas.

Somos entretenimiento para incendios.

Las paredes sudan.
Por primera vez, soy yo el que mira hacia arriba y observo

una escotilla una apertura un ojo o
una puerta de emergencia donde
me convierto en umbral que deja pasar
el espesor de un aire que se consume
en su dolorosa metamorfosis para convertirse
en gotas con forma de hemorragia
      en cenizas con forma de despedida
         en glándulas con forma de letra

y cuando me sedimento
como una triste cordillera de polvo de tiza
llega el grano metálico de tu voz
eternamente reproducida.

[Pausa dramática]

3. Ya no me quedan mitades.

Te he conocido y te he perdido en tantos sitios
en tantas vías de servicio
en tantos ascensores detenidos
en tantas piscinas semivacías

que

ahora solo sé nombrarte
como dispersión material
en este marco sensible que nos presenta y nos despide

cada vez de forma diferente   :   silencio de hospital
residuo piroclástico carretera
cortada.

Y todo esto suena mejor escrito [leído] que hablado [oído]
porque
        la voz que oímos en nuestras cabezas
        es muy distinta del sonido de nuestra laringe
        lo decía David Foster Wallace

pero la muerte no tiene voz;
se encuentra en la frontera entre lo silencioso y lo callado
(que, evidentemente, no son lo mismo)
y la página no tiene laringe
y tú no tienes cabeza.

[Se acabaron las pausas dramáticas]

PANTALLA TÁCTIL

Tus dedos se movieron rápidamente por el teclado del móvil
para mandarme ese mensaje sin conexión que nunca llegó,
esa frase siempre en proceso[11]
que pasa a formar parte de un limbo imperceptible
donde el código binario y encriptado se disipa
para convertirse en el naufragio de un ramo de flores
artificiales, es decir, alfabéticas
que no están ni vivas ni muertas:
que trascienden tu cuerpo
         allá arriba en la superficie
y mi cuerpo
         aquí abajo en el fondo

Ahora tus dedos se deslizan
y arrastran piel muerta en la superficie del *smartphone*.
Caricia sucia y física espectral de la pantalla;
dibujas un pictograma grasiento sin memoria,
una nota de secuestro ilegible (que sólo tú entiendes).

---

[11] Cuando un mensaje ha sido emitido pero no recibido, deja instantáneamente de ser mensaje —porque necesita ser descifrado para alcanzar el privilegio de la comunicación— y pasa a ser simplemente código; un mensaje codificado y extraviado que nos sobrevuela como un insecto y nos atraviesa como el internet (insectos e internet: condensación de pura exterioridad).

¿A dónde van esas mudas cutáneas,
todos los datos borrados (unos y ceros),
ese almacenamiento bastardo e improductivo?

¿A dónde van esos recuerdos binarios,
toda la saliva que al tragarse (unos y otros)
se convierte en bebida espumosa?

Van a parar al mismo lugar:

a los huecos libres de todos los aparcamientos del mundo
a la pirueta florida y fosilizada en las tripas de cada canica
a la negrura insomne que persiste tras los créditos finales
al tintineo de cada bombilla fundida
al pelo rígido y opaco de los cuerpos ahogados en piscinas

es decir,

a las salidas de emergencia que nunca han sido abiertas.

ESPASMO MIOCLÓNICO

Caerás por mí · en vertical y entrelazado y somnoliento · como un huevo de tiburón · caerás por mí · como una herramienta descuidada · virgen suicida · (no las de Coppola · las de verdad · las que hacen espuma, las que beben zumo · las que hacen ruido · y gimen al morir) · caerás porque · quiero mi cuerpo cuando cae con tu cuerpo · todos te veremos saltar · a ti · cifra que dejó de ser signo hace mucho tiempo · hay que convertirse en pecera vacía · sin miedo, sin reino ni boca · sin tiempo, sin ganas ni precio · caerás envuelto en un ruido clínico · caerás

y mientras, al otro lado,
tu sombra vertical proyectada sobre el pasillo horizontal
todos tus cuerpos cayendo sobre mí como
fuegos artificiales en el paroxismo de las tormentas.

Cae. Por fin. Comer tierra. Pisar.
Húmedo. Ahí.
¿Y tú? No puedo hablar: no recuerdo tu lengua.

TODOS LOS ACCIDENTES DE TRÁFICO
SON PAISAJES MUSCULARES

Tú [que lees] y yo [que escribo y también leo]
no existimos fuera del texto

sólo puedo encontrarte detrás del cristal,
allí abajo, en ese paisaje triste
de nervios chamuscados y distensiones musculares.

Entre ambos, una constelación de basura formada
por fragmentos de accidentes de tráfico
dispersos; una vía de servicio con un cuerpo
escindido.

No es el tiempo ni el espacio ni el lenguaje sino
querer parecer un único acontecimiento,
querer ser memoria[12] y sus trastornos,
lo que nos convierte en hiatos.

---

[12] Memoria que es tiempo, espacio y lenguaje a la vez.

No viene ninguna ambulancia.
No hay ambulancias para esta clase de cosas.

sólo llega tu voz
sexy y entumecida
a través del GPS

ENTRE LAS 6:00 AM Y LAS 6:45 AM

noche definitiva de sombras domésticas, aparentes y de interior
pestillos defectuosos, habitaciones mal ventiladas y muchos dolores
de cabeza
las luces encendidas no significan que yo esté en casa

ALFARERÍA DE TRAMPA Y CERÁMICA DE ENGAÑO

En esta era de amores quietos
y artículos *peer reviewed*
de lenguas abrasadas y de cerezas
en esta era moderna resulta
que las arañas sueñan
y sueñan que su hilo se acaba y no tejen más.

En esta era de derivas sintéticas
mezcladas con leche del supermercado
de movimientos torpes e invisibles
como un miembro fantasma
en esta era moderna resulta
que las arañas sueñan
y sueñan que aprenden a tener pesadillas.

En esta era de imitaciones me veo
en el escaparate de una tienda de pelucas
donde demasiadas cabezas esperan
con piel de plástico y pelo humano
mientras sobrevive aquel reflejo donde se encuentran
la guillotina y el rímel.

En esta era moderna de miradas tristes
como piscinas vacías y ramos de Chupa Chups
acumulando polvo en los estantes de cualquier bazar
cuando es tan frágil la adherencia
entre la purpurina y la muerte resulta
que las arañas sueñan
y sueñan que sus telarañas no tienen centro.

En esta era donde se satura toda la higiene del glamour
en tus ojos lechosos de actriz de Hollywood asesinada
en tu voz robótica y aterciopelada
en tu piel de nylon de asiento del copiloto
en esta era moderna que nació cuando
el universo se apagó como si fuera una sala de cine
resulta que las arañas mueven sus ojos cerrados
y porosos y pulidos como diamantes bañados en mierda
y sueñan
pero sueñan que dejan de ser arañas
para dejar de soñar.

En esta era de amores quietos
y artículos *peer reviewed*
resulta que los artrópodos mueven su retinas mientras duermen
es decir, que sueñan
en la quietud de un mundo que palpita allá afuera

porque ahí reside el sueño:

en el movimiento imperceptible que sucede

en el espacio mínimo y maldito

entre la fina membrana del párpado y la córnea del ojo

justo donde nada ni nadie puede salvarte.

NOTAS SOBRE HOSPITALES

Te conocí en la sala para fumadores
de un aeropuerto.
No hablamos.
Nos encontramos de nuevo
años más tarde
en la floristería del hospital.
Esa fue la última vez.
Nunca más he vuelto a verte[13].

---

[13] Tampoco sé si esto es algo bueno.

LAS YEMAS INFINITAS

Para Julián, quemadura infinita

Emerges de entre el magma verde
verde que despliega un manto de figuras que fueron podadas hace
    mucho
mucho tiempo por tijeras muy
muy grandes pero pobre
pobremente afiladas.

Hueles a espuma de afeitar y a párpados cerrados.
Me despedí. Pero no besé tu frente maquillada y fría.
No. Besé la madera que sudaba agua bendita
del mismo modo que tú sudabas babas de pájaro.
Entonces pensé que la oscuridad tiene órganos
porque todo lo engulle y todo lo caga.

Miro esos pájaros (*tus* pájaros).
Vuelan mucho pero sólo saben volar en círculo:
para ellos no existe un principio ni un final,
sólo conocen la cola —el *extremo*— del otro.

Contengo la respiración y me ahogo
en lo que tarda una escama en filtrar la vida.

Todo palpita y todo se mueve
como se mueven los cuerpos en las morgues
donde pasan fugazmente las horas y las fresas.

Cada una de tus facciones es ahora
un doloroso problema de lógica.

Llega una luz
atascando branquias y
quemando alas de mariposa.
Entonces no existe un principio ni un final
como en la música *longue* que lame mis oídos
en estos funerales para supermercados
donde las flores de plástico no son sólo para los muertos.

Escucho una voz que en sueños repite:

¿Y no podemos volver a empezar?
　　　　¿Y no podemos volver a empezar?
　　　　　　　¿Y no podemos volver a empezar?

como un charco de sangre *loopeada*.

Tres pitidos intermitentes
separados por tres segundos.

Y ahora esta música sigue sonando
en ascensores fuera de servicio.

No vinieron durante la noche
los fantasmas. No. Aparecieron
a la mañana siguiente cuando
la mesa estaba puesta
y los manteles arrugados,
todavía doblados.

TELEOLOGÍA DEL ÚLTIMO BESO DURANTE
(Y NO ANTES D)EL ACCIDENTE

Lo último que hacen todas las víctimas de accidentes de tráfico
antes de morir
es pasar por un roce frío y apresurado
inexacto.
Pasan por la levedad de un beso sobre
la almidonada piel de un airbag que tarda
25 milésimas de segundo en convertirse en cuerpo (o amante).

> Cinco veces menos tiempo de lo que se tarda en guiñar un ojo
> dice Google.
> Cinco veces menos tiempo de lo que se tarda en decir adiós
> digo yo sin querer.

En nuestros últimos segundos
somos infieles a todo(s) lo(s) demás
en nuestros últimos segundos
con la artificialidad irresistible del nylon
en nuestros últimos segundos

los accidentes de tráfico repiten
los patrones simétricos de un copo de nieve hexagonal.
Allí se esconde un paisaje quebrado de ramificaciones que exhibe
en cada uno de sus seis vértices

estrellas de puntas afiladas como lápices
y en cada uno de sus seis ángulos agudos
—agudos y cerrados como el sexo de las tijeras—
agazapados
unos labios obtusos y entreabiertos
y una vida que se escapa (o eso dicen)
como escapa el aire del airbag recién hinchado.

Todos los accidentes de coche
son un beso doble seguido de dos estallidos

> beso metálico y estallido del gas que se activa — 25 milési-
> mas de segundo
> beso acolchado y estallido del cuerpo que desaparece — todo
> lo demás

Cierra los ojos, aparta tus manos, separa tus labios y traga saliva.
Cosmética del accidente: chapa y pintura.
Beso y capó.
Pum, crash, muack, psssst[14].
Qué rápido.

---

[14] No necesariamente en este orden.

LECCIÓN DE ANATOMÍA BÁSICA

Esta cosa sin nombre que pienso que siento
que pasa como pasan los cuerpos
en las morgues donde pasan las fresas y las
horas [qué horas] son estas
a las tantas de la madrugada cuando todo está
apagado y callado y afelpado
en la calle amarillenta como un hígado enfermo
cuando todos los camiones de la basura se
despiden y colisionan en los vertederos de tu mirada
tras dejar la noche vacía y limpia y desordenada

mira esa curva cerrada
tímidamente iluminada por los faros del coche
ahí fue (lo recuerdas):
mi cuerpo nombró tu cuerpo por última vez
pero qué importa tu nombre qué importan las letras las lenguas
cuando lo más importante está en tus manos tus dedos bajo las uñas
todo lleno de mierda

tu cuerpo
como una hemorragia un umbral un párpado cerrado
tu cuerpo me da miedo.

EXTERIORIDAD SALVAJE

Siempre puede decirse la verdad en el espacio de una exterioridad salvaje.

MICHEL FOUCAULT

Tengo restos de ti
bajo mis uñas;
beso convexo de queratina y algunas células muertas

se acerca una despedida de una duración indeterminada
semejante al clímax de una película lenta o
a la cita de una revisión de colon irritable
semejante, no a ninguna cosa,
sino simplemente semejante[15]

entonces qué
el amor nos convierte en salas de espera.

---

[15] Aquí estoy en deuda con «Mimetismo y psicastenia legendaria» (1935) de Roger Caillois.

NOTA FINAL

Este libro se escribió originalmente en el bloc de notas de un móvil entre Madrid, Almería, Lisboa, Valencia, Granada y Los Ángeles.

No habría sido posible sin David Foster Wallace, Robert Venturi y Denise Scott Brown, Ludwig Wittgenstein, Julião Sarmento, Diane Arbus, Sion Sono, las aerolíneas EasyJet, Andy Warhol, Rodrigo Fresán, Sylvia Plath, Sigmund Freud y Eugénie Lemoine-Luccioni, Fernando Pessoa, Roger Caillois, Kylie Minogue, David Cronenberg, Bruce Nauman, la grabación de Sviatoslav Richter de 1952 interpretando los *études* para piano de Alexander Scriabin, Roland Barthes, Miranda July, Xiu Xiu, Agustín Fernández Mallo, Susana Thénon, Rem Koolhaas, la maratón de películas gore que vi entre el 7 y el 10 de agosto de 2022, Todd Solondz, Agnes Martin, Emil Cioran, Cy Twombly, el estudio científico de Daniela Rößler sobre el sueño de las arañas publicado en la revista *Proceedings of the National Academy of Sciences* vol. 119, no. 33 (16 de agosto de 2022), Remedios Zafra, Claude Lévi-Strauss, Jeff Koons, la comida precocinada del Mercadona, los cadáveres calcinados de Katia y Maurice Krafft, Kathy Acker, Marcos Canteli ni Stereolab.

ÍNDICE

EL POEMARIO
'ENTRETENIMIENTO PARA INCENDIOS',
DE JAVIER IÁÑEZ PICAZO
RESULTÓ GANADOR DEL XXIII CERTAMEN INTERNACIONAL DE POESÍA
MARTÍN GARCÍA RAMOS (2024) PATROCINADO POR LA FAMILIA GARCÍA PÉREZ Y
COORDINADO POR MÓNICA JIMÉNEZ EN REPRESENTACIÓN
DEL EXCELENTÍSIMO AYUNTAMIENTO DE ALBOX (ALMERÍA).
EL JURADO ESTUVO COMPUESTO POR CATALINA GARCÍA PÉREZ, JUAN DE DIOS
GARCÍA, ADRIÁN BERNAL HERA, MANUEL VALERO GÓMEZ, AGUSTÍN IGNACIO
MAZZINI, DANIEL MARTÍNEZ BAUZÁ Y JAVIER ADRADA DE LA TORRE BAJO LA
DIRECCIÓN DE JON JUARISTI